F. de VILLENOISY

LE JOURNAL DE VOYAGE

EN FRANCE ET EN ITALIE

D'UN MUSICIEN ANGLAIS

PARIS

LIBRAIRIE ANCIENNE ÉDOUARD CHAMPION, ÉDITEUR

5, QUAI MALAQUAIS, 5

1916

LE JOURNAL DE VOYAGE

EN FRANCE ET EN ITALIE

D'UN MUSICIEN ANGLAIS

*EXTRAIT DE LA CORRESPONDANCE HISTORIQUE
ET ARCHÉOLOGIQUE*

Année 1916

Tiré à 50 exemplaires

F. de VILLENOISY

LE JOURNAL DE VOYAGE

EN FRANCE ET EN ITALIE

D'UN MUSICIEN ANGLAIS

PARIS

LIBRAIRIE ANCIENNE ÉDOUARD CHAMPION, ÉDITEUR

5, QUAI MALAQUAIS, 5

1916

LE JOURNAL DE VOYAGE

EN FRANCE ET EN ITALIE

D'UN MUSICIEN ANGLAIS

Il y a toujours intérêt à recueillir les témoignages des voyageurs qui ont visité notre pays à la veille de ses grandes transformations. Lorsqu'ils savaient voir et s'efforçaient de comprendre, leur récit présente parfois un tableau pittoresque de la vie courante dans l'ancienne France.

Tel a été le cas pour Charles Burney. Il était né à Shrewbury en 1726 et fut organiste de l'église Saint-Denis dans Fenchurch street en 1741. Il composa vers cette époque plusieurs opéras comiques. Il obtint ensuite l'orgue de Liun, dans le Norfolkshire et y demeura neuf ans pendant lesquels il commença à rédiger une histoire de la musique dont les quatre volumes parurent de 1776 à 1789. Il fut alors rappelé à Londres par son protecteur le duc d'York et y publia des concerto. Il fit deux voyages sur le continent pour étudier sur place tout ce qui se rapporte à la musique, visitant les églises, les théâtres, les concerts, se liant avec tous les musiciens professionnels ou amateurs, dépouillant les bibliothèques, et décrivant tous les orgues qu'il rencontrait. En 1770 il explora la France, où il était déjà venu deux fois, et l'Italie ; en 1773, l'Allemagne et les Pays-Bas. Il publia de suite son journal de voyage. Il en a été fait une traduction française par Brack qui parut à Gênes en 1809 et 1810. Burney est mort à Londres en 1814.

Pour lui il n'y a de vraie musique que la musique italienne, et tout ce qu'il entend lui paraît bon ou mauvais suivant qu'on s'en rapproche ou que l'on s'en éloigne, mais il distingue avec une grande justesse la musique elle-même qu'il condamne souvent et la science de l'exécutant ainsi que ses ressources physiques qu'il aime à louer. Il s'intéresse à tout ce qu'il voit, le décrit de façon attachante, se fait lire avec plaisir, mais peut-être accorde-t-il trop facilement du génie à tous ceux qui lui ont procuré une jouissance artistique.

Burney débarque à Lille au commencement de juin 1770 et recherche de suite comment on exécute dans les cathédrales et collégiales le chant grégorien. Il remarque que le plus souvent les chantres ne sont pas accompagnés par l'orgue qui n'intervient que dans les circonstances solennelles; c'est le serpent qui seul donne le ton, et fait la basse quand on chante en parties. Il est le plus souvent mal joué, mais est susceptible de donner de très bons effets.

D'après les traditions anglicanes, lors de la réforme, les chants liturgiques catholiques auraient été remplacés par des compositions de Tallis. Burney s'aperçoit dès son arrivée en France qu'il n'en est rien et que les protestants n'ont fait qu'appliquer des paroles nouvelles sur l'antique musique de l'Eglise catholique.

Suivant son habitude il commence par visiter les églises, se mettre en rapport avec l'organiste, et faire un examen approfondi de l'orgue. « Celui de Saint-Pierre de Lille, joué « par M. Devillers, est double, et très large, avec quatre cla- « viers, soixante quatre touches, sur un front vaste composé « de treize colonnes de tuyaux. Il a été fait il y a soixante « ans (ce qui nous reporte à 1710). La caisse est bien sculptée, « bien ornée ; les tuyaux extérieurs sont d'un blanc naturel « de métal, ainsi que tous les orgues de ce pays, tandis qu'en « Angleterre on est forcé de les dorer pour les empêcher de « se noircir. J'ai remarqué qu'en France on fait peu d'usage « de l'orgue, même les jours où on s'en sert le plus ; le ser- « pent soutient les voix dans leur haut ton et leur sert en « quelque sorte d'appui. »

Cet instrument, nouveau pour lui, le frappe beaucoup, et au début il le confondait parfois avec l'orgue, auquel il le pré- fère, en certaines circonstances, quand il est judicieusement utilisé.

Malgré le jubilé il ne trouve rien de marquant dans les offices auxquels il assiste. Il se rattrape sur la musique mili- taire. La garnison de Lille, qui est habituellement de 10.000 hommes, n'est en ce moment que de 2.000. Il gémit en songeant à tant de bras enlevés à l'agriculture et à l'industrie. La musique militaire a fait beaucoup de progrès depuis son précédent voyage ; musique et musiciens, tout est allemand. Il remarque l'emploi des cymbales.

Au théâtre il entend l'*Ecole des maris*, de Molière, et l'*Amitié à l'épreuve*, opéra tiré par Fouart d'un conte de Marmontel, musique de Gretry. Il trouve les deux pièces très bien jouées, les chanteurs ont de la voix, mais il critique sévèrement leur méthode.

Il remarque que le peuple, assidu aux offices religieux, est fortement influencé par le plain-chant, même dans les chansons profanes.

Les Français, en musique, manquent d'idées neuves, ils chantent mal et de façon trop criarde, mais ne peuvent être égalés pour la netteté, la précision et le brillant de l'exécution. La musique militaire est meilleure en elle-même, mais en progrès aussi quant à l'exécution. Il en est du reste ainsi pour tout ce qui concerne l'armée.

Dans un grand esprit de justice Burney, sachant qu'il trouvera mieux en Italie, tient à faire son enquête sur la France à l'aller pour mieux apprécier ce qui mérite de l'être.

Il arrive ensuite à Paris le 12 juin.

« Après avoir passé la plus grande partie de la première
« journée à chercher des livres j'allai le soir au *boulevard*,
« ne voyant pas de plus agréable amusement à la Comédie
« ou à l'Opéra. Le boulevard est un lieu de divertissement
« public situé hors des portes de Paris. Il est percé d'allées
« bien plantées, au milieu desquelles est un chemin large
« pour les voitures. Il y a sur les côtés des cafés, des char-
« latans et des spectacles de toute espèce. Tous les soirs,
« pendant l'été, les promenades y sont remplies de beau
« monde et le chemin du milieu de riches équipages. J'y vis
« le nouveau Vauxhall, ainsi qu'on le nomme, mais il ne
« ressemble pas plus au nôtre que le palais de l'empereur de
« la Chine. Il ne ressemble pas davantage à notre Ranelagh,
« quoi qu'à l'entrée il y ait une petite rotonde avec des petites
« galeries à l'entour, bien éclairées et bien décorées. Près de
« là est une salle carrée, en plein air, où l'on danse lorsqu'il
« fait chaud. Elle est illuminée, et a des galeries qui mènent
« à un autre appartement aussi carré, mais plus large, ayant
« deux rangs de colonnes corinthiennes, ornées de festons et

« bien illuminées. C'est une salle fort élégante où on danse
« des menuets, des allemandes et des contredanses quand
« le temps est froid ; c'était alors le cas ; il était même fort
« piquant. Malgré celà il y avait une foule de gens bien mis.
« Pour le nom même du lieu il était naturel de chercher un
« jardin, mais il n'y en avait pas. Dans les cafés du boule-
« vard, qui sont très fréquentés, on chante et on fait de la
« musique dans le genre de celle du passage du Sadlers Wells
« à Londres, mais encore plus détestable. Les femmes, après
« avoir chanté, font le tour de la salle avec une assiette pour
« recueillir le fruit de leur peine ».

Il travaille avec succès à la bibliothèque du Collège des
Quatre Nations, bibliothèque Mazarine, et assiste le soir à un
four noir au théâtre italien où on jouait deux opéras. Il
n'aurait jamais cru un auditoire français capable de siffler
avec autant d'ardeur ; sauf le jet des petits bancs qui man-
quait, on se serait cru en Angleterre.

Le jeudi 14 était la Fête-Dieu. Burney put voir les processions et assister à la grand'messe à Notre-Dame où il eut la
plus grande peine à entrer. « On ne permet aux voitures de
« sortir qu'après que les processions dont la ville abonde
« sont finies. Les rues par lesquelles elles doivent passer
« sont tendues de tapisseries, ou à défaut de rideaux de lit ou
« de vieux jupons. J'ai remarqué que les gens comme il faut
« quittent la ville ces jours là pour éviter l'embarras d'aller
« à la messe ou l'ennui de rester chez soi. Chaque fois que le
« Saint-Sacrement s'arrête, ce qui arrive souvent, les prêtres
« chantent un psaume, et tout le peuple s'agenouille au
« milieu de la rue, qu'elle soit propre ou non. Je n'hésitai pas
« à me conformer à cet usage par crainte de scandaliser ou
« de me faire remarquer. Il est vrai que, quand je sortis, je
« me promis d'agir comme tout le monde dans les rues et les
« églises ». Il s'était fait accompagner à Notre-Dame par un
jeune abbé pour avoir toutes les explications utiles. Dans
une aussi grande solennité il s'attendait à ce que l'orgue eut
un rôle plus considérable. Celui de Notre-Dame est bon,
mais quand il donne toute sa puissance l'écho de l'église
provoque une confusion insupportable. Les morceaux joués
sont dans le goût ancien.

A cinq heures, concert spirituel dans une des salles du
Louvre, commençant par un morceau dans le goût du vieil

opéra français. « Les Tuilleries offrent un des plus beaux
« coup d'œil qu'on puisse voir à Paris. L'été, après l'Opéra,
« entre 7 et 8 heures du soir, toute la société en parure, com-
« posée de tout ce qu'il y a de mieux dans la capitale est
« répandue dans la grande allée. *Totis vomit aedibus undam.*
« Cela forme une assemblée telle qu'on ne peut en rencontrer
« aucune semblable dans aucun autre pays du monde ».

A la Bibliothèque du Roi il constate qu'il pourrait arrêter
là son voyage, sans pousser jusqu'en Italie, car la quantité
des livres qui traitent de son sujet est presque infinie. Le
catalogue des manuscrits occupe quatre in-folio, et ceux
relatifs à la musique y sont en nombre respectable. A l'Opéra,
nouvellement reconstruit au Palais-Royal, par le duc d'Or-
léans, il entend *Zaïde*, et il y admire tout ce qui n'est pas la
musique, mais en France on n'a fait aucun progrès depuis
40 ans, et même depuis Lulli, et il est manifeste, bien que
beaucoup de gens posent pour admirer la musique italienne,
que le public n'aime réellement que la musique française.

Le dimanche suivant il va entendre l'orgue à Saint-Roch et
faire la connaissance de l'organiste, M. Balbatre, qui est en
même temps l'un des quatre organistes, par quartier, de
Notre-Dame (1); puis c'est le tour de l'orgue et de l'organiste de Saint-Gervais, Couperin. L'instrument, dû à
Cliquard, comme celui de Saint-Roch, est presque neuf.

« *Mercredi 20 juin.* J'entendis M. Pagin sur le violon chez
« Madame de Brillon, à Passy. C'est une des meilleures cla-
« vecinistes qui soient en Europe. Cette dame non seulement
« joue les morceaux les plus difficiles avec beaucoup de sen-
« timent, de goût et de précision, mais elle exécute à vue
« avec la plus grande facilité. J'eus le loisir de m'en con-
« vaincre en l'entendant exécuter plusieurs morceaux de ma
« musique, que j'eus l'honneur de lui présenter. Elle com-
« pose aussi, et elle eut la bonté d'exécuter plusieurs de ses
« sonates sur le clavecin ou le forte piano accompagnée sur
« le violon par M. Pagin. Son talent et ses études ne se sont
« pas bornés à la connaissance du clavecin, elle joue de plu-
« sieurs instruments et connaît bien le mécanisme et l'esprit
« de ceux qui sont le plus en usage. Cela lui parait nécessaire

(1) Ces quatre organistes étaient : Couperin, Balbatre, d'Aquin et
Fouquet.

« afin de n'être pas dans le cas de composer des choses dont
« l'exécution serait impossible et extraordinaire. Elle dessine
« fort bien et grave. C'est en un mot une femme des plus
« accomplies. Plusieurs compositeurs célèbres d'Allemagne
« et d'Italie qui ont séjourné en France lui ont dédié leurs
« ouvrages ; de ce nombre sont Schobert et Boccherini ».

Il est présenté à l'abbé Arnaud, de l'Académie des Inscrip-
tions, et à l'abbé Roussier, à Gretry. A la Comédie Française
il entend *La surprise d'Amour*, de Marivaux et *Georges
Dandin*, qui lui semble une farce remplie d'indécences, com-
parable à celles de Shackspeare dans ses plus mauvaises
productions, mais avec des traits de génie.

Lyon par le voisinage de l'Italie lui faisait espérer de la
bonne musique. Il n'en est rien ; à peine trouve-t-il une
famille italienne jouant dans un café. La cathédrale Saint-
Jean est aussi dépourvue de tableaux et de statues qu'un
temple protestant. Les chanoines comtes prébendés, les chanoines et les vingt-quatre enfants de chœur chantent à l'unis-
son sans orgue et sans livres.

Peu de musique à entendre à Genève ; un vieux compositeur, Fritz vit encore dans les environs ; il va le voir ainsi
que Serre, musicien et peintre miniaturiste, puis, avant de
gagner l'Italie, il se rend à Ferney, en évitant de se joindre à
une caravane qui faisait le pèlerinage avec un libraire comme
cornac. Il venait d'apprendre que Voltaire avait reçu avec
mauvaise humeur des Anglais qui lui avaient avoué n'avoir
d'autre but que de voir un homme aussi extraordinaire. Il
risqua le voyage bien que sans lettre d'introduction, mais
résolu à voir ce qu'il croyait à tort la maison d'Aristippe et
les jardins d'Epicure. Son postillon, beau parleur, le docu-
menta en route. Le domaine de Voltaire était fort étendu, il
y faisait construire de petites fermes, et avait élevé du côté
de Genève un poteau de justice en témoignage de ses droits
seigneuriaux. Une des fermes, ou plutôt des manufactures,
était si élégante que Burney la prit pour le château. A gauche,
en approchant de la maison on voyait une jolie chapelle avec
l'inscription : *Deo erexit Voltaire 1761*. Il n'y eut personne
pour lui en révéler l'histoire secrète. En achetant une terre
seigneuriale, outre le droit de haute justice, Voltaire avait dû
subir des charges féodales, dont une, s'appliquant au chef
des encyclopédistes, prenait un caractère de brimade du sort.

La chapelle du château tenait lieu d'église paroissiale et le
seigneur était tenu d'avoir un chapelain, et de recevoir tous
les dimanches et jours fériés dans sa chapelle une bande de
paysans traversant la cour et la salissant avec leurs sabots.
Il s'affranchit de ce ridicule assujettissement en transportant
la chapelle hors de l'enceinte du château et en la faisant
servir à sa publicité ; mais il était économe ; il la fit plus
petite, pour pouvoir réemployer les poutres, et on travailla
sans hâte : le pays fut privé de la messe pendant deux ans.

Il était permis de visiter ; Burney vit le cabinet de travail
où Voltaire venait d'écrire, la bibliothèque restreinte mais
bien fournie, avec son portrait en marbre appuyé sur une des
fenêtres, un buste fait deux ans plus tôt et une série de por-
traits. Entre la chapelle et le château une salle de spectacle
ne servant plus que de bûcher. Le valet cicerone narrait que
son maître travaillait dix heures par jour, sans lunettes,
faisant encore des marches d'un mille ou deux lorsqu'il parut
allant inspecter ses viviers. « Mon cœur tressaillit à la vue
d'un homme aussi extraordinaire. »

En apercevant Burney prêt à monter dans sa chaise Voltaire appela son domestique puis se dirigea vers le visiteur.
« Il est difficile, dit Burney, de supposer que la vie puisse
« habiter aussi étroitement dans un corps qui n'a que la peau
« et les os tel qu'est celui de M. de Voltaire. Il se plaignit à
« moi de sa décrépitude et me dit qu'il supposait que j'étais
« curieux de me former une idée d'une figure marchant vers
« la mort. Ses yeux malgré cela, ainsi que sa contenance
« sont encore pleins de feu, et quoi qu'aussi décharné qu'il
« l'est il est impossible d'imaginer une expression plus vive.
« Il me demanda des nouvelles de l'Angleterre ; remarqua
« que les querelles poétiques avaient cédé le pas aux disputes
« politiques. *Les querelles d'auteurs, me dit-il, sont pour le
« bien de la littérature, comme dans un gouvernement libre
« les querelles des grands et les clameurs des petits sont
« nécessaires à la liberté.* Durant cette conversation nous
« approchions des bâtiments qu'il venait de faire construire
« près de l'avenue qui conduit au château. Ces bâtiments,
« me dit-il en me les montrant, sont les ouvrages les plus
« innocents, et peut-être les plus utiles de tous mes travaux.
« J'observai qu'il en avait d'autres qui étaient d'une utilité
« plus grande et qui seraient beaucoup plus durables que

« ceux-là. Il eut la complaisance de me montrer plusieurs
« fermes qu'il avait bâties et les plans de quelques projets ;
« après quoi je pris congé du vieux poëte, dans la crainte de
« lui faire perdre son temps, et ne voulant rien dérober au
« public de ces moments précieux qui lui restaient de ce
« génie si grand et si universel. »

.*.

C'est par *Turin* que Burney inaugura son pèlerinage musical d'Italie ; on y parle un mélange de français et d'italien,
tous deux également corrompus, mais c'est la ville qui a
produit Giardini, qui possède le comte Benevento, amateur
de grand mérite. et où les deux Bezozzi et Pugnani sont atta-
chés à la chapelle royale : service commode, car ils jouent
seuls quand cela leur convient. Le maître de chapelle est
Gasparini. La dévotion du roi et de sa famille se borne à une
messe basse avec exécution d'une symphonie.

L'opéra sérieux s'ouvre le 6 janvier pour finir au carême.
Il y a un excellent ténor, Ottane, qui peint aussi dans le
genre de Claude Lorrain et de Vernet. Sa Majesté Sarde uti-
lise ses deux talents.

Le petit théâtre est occupé en été par une troupe de comédiens « bouffons » et d'octobre à Noël par des comédiens
« farceurs ». Les étrangers n'ont accès qu'au parterre, les
loges étant louées à l'année, mais ils y sont mieux qu'à
Paris et à Londres. L'intermède ne fut pas mauvais. la
musique jolie, « quoiqu'ancienne » ; le chant, quelconque pour
l'Italie, eut été très bon pour la France mais Burney si sévère
pour l'exécution de la musique en France fait aussitôt une
observation à notre avantage : si on supprime la musique
d'un opéra français. il reste une jolie comédie, au lieu qu'en
Italie il ne reste rien de supportable. Il est frappé de l'indif-
férence du public italien qui ne cesse pas de causer et de faire
du bruit pendant toute la représentation.

Une visite aux frères Bezozzi et l'accueil qu'il en reçoit le
comblent de joie. Il remarque pour la première fois les musiciens voyageurs qui dans la journée jouent dans la rue ou les
hôtels et le soir au théâtre.

La musique ne l'occupe pas de façon assez exclusive pour l'empêcher de voir tout ce qui mérite l'attention, aussi se fait-il présenter au père Beccaria, physicien et mathématicien qui fait sur lui une profonde impression. Celui-ci n'avait jamais entendu parler de lettres de change et eut peine à en concevoir le fonctionnement.

Son séjour se termine par une visite à l'Université et à la Bibliothèque royale qui renferme 50.000 volumes et beaucoup de manuscrits.

A *Milan*, ce qui l'occupe le plus est le chant ambrosien, son origine, son exécution, tous les ouvrages qui en traitent. A la bibliothèque Ambrosienne il se heurte à toutes sortes de difficultés lorsqu'il veut en avoir communication ; il n'est pas dans les règles de communiquer le catalogue des manuscrits, mais quelques jours plus tard il y retourne avec un dominicain, le père Moiana, puis enfin avec l'abbé Bonelli, et cette fois toutes les armoires s'ouvrent sans difficultés ; il peut voir les manuscrits les plus anciens, les autographes de Pétrarque et de Léonard de Vinci, des papyrus.

Il est présenté au père jésuite Boscowich dont il admire l'observatoire astronomique et tous les instruments d'optique dont l'invention l'avait rendu célèbre. A Paris le parlement lui avait fait interdire, parce que jésuite, l'entrée de l'Académie des sciences dont il était membre.

Les messes en musique sont nombreuses et dirigées habituellement par le compositeur lui-même. Partout Burney va d'église en église pour les entendre, et bien des catholiques ont assisté à moins d'offices que ce protestant admirateur respectueux de l'art religieux. Il en entend deux le même jour, la première de Monza à Sainte-Marie Secrète, la seconde de J.-B. San Martini à l'église des Carmes. San Martini a composé un nombre de messes presque infini et est maître de chapelle de la moitié des églises de Milan.

Ses préférences sont cependant pour les religieuses du couvent de Sainte-Marie-Madeleine ; il ne se lasse pas de les entendre chanter et y retourne toutes les fois qu'il le peut. Il y avait surtout un motet de Martini « qui était vraiment « divin, et qui fut divinement chanté par une des sœurs. Ce « fut le meilleur morceau de chant, à tous égards, que j'eusse « encore entendu depuis mon arrivée en Italie où il y en a « tant qu'on est vite rassasié. »

A l'Opéra, il trouve une vive agitation ; le premier ténor étant malade, le bariton improvise pour le suppléer une scène comique où il prend le souffleur à parti.

Avant de quitter Milan, il va entendre, dans les environs, le célèbre écho du palais Simonettes, alors en ruines. Il le déclare digne de sa réputation, et se demande si, en s'inspirant des travaux du père Kirker sur l'acoustique on ne pourrait pas établir une règle pour faire avec un seul chanteur un chœur à deux, trois et même quatre voix.

A *Brescia*, nouvelle messe à l'église des Jésuites, avec un enfant dont la belle voix lui semble pleine de promesses. Le théâtre est encore plus luxueux qu'à Milan, parterre plus grand, avec sièges se relevant. Il trouve dans son auberge une troupe retour de Russie. Le soprano passe pour très riche encore, bien qu'il ait perdu en une nuit dix mille livres sterling sur ce que son talent lui avait acquis.

A *Vérone*, il visite l'amphithéâtre romain récemment restauré et qui peut contenir (60.000) spectateurs, le double de la population de la ville. On a construit au centre de l'arène un théâtre pour jouer des farces.

Padoue est la patrie du grand législateur de la musique, Tartini, mort depuis quelques mois. Burney recherche avec ferveur tout ce qui le concerne et tous ceux qui l'ont connu, notamment le père Valloti qui lui donna de nombreuses indications sur l'histoire de la musique et les partitions de deux de ses messes.

Le second motif qui l'attirait à Padoue, était l'église Saint-Antoine, grand et vieux monument gothique avec six coupoles dont deux sur la nef. Elle est surchargée de peintures et de sculptures. En entrant dans le chœur on est étonné de la majestueuse apparence des quatre énormes orgues.

Au théâtre qui est beau, bien distribué, pourvu d'une salle de jeu, on représente en juin un grand opéra sérieux pendant la foire de Saint-Antoine.

A *Venise*, la musique est partout et on voudrait être tout oreilles pour la saisir et tout yeux pour jouir de la peinture et de la sculpture. Il y a des musiciens à chaque pas dans les rues, et sa première rencontre est celle d'une troupe comprenant deux violons, un violoncelle et une chanteuse. La ville est célèbre par ses conservatoires qui sont en même temps des orphelinats à la *Pieta*, il y a près de mille jeunes filles dont 70 musiciennes. Les pensionnaires d'*Agli Incurabili* comprennent un certain nombre de très belles voix. Il est superflu de signaler les messes à Saint-Marc, à Saint-Jean et Saint-Paul, à Saint-Luc, Saint-Laurent, Saint-Pierre, etc. Il entend des amateurs dans les Académies. Au mois d'août, on ne commence à vivre qu'à minuit, les canaux sont alors couverts de gondoles, la place Saint-Marc remplie de monde et partout de la musique, toujours en plusieurs parties. Pendant le carnaval, il y a sept salles d'opéra.

Les visites les plus intéressantes sont : à l'abbé Martini, habile mathématicien, compositeur et exécutant, qui avait voyagé en Grèce et y avait fait des recherches sur la géographie, l'agriculture et l'histoire naturelle ; et au comte de Torre-et-Taxis, à qui Tartini avait légué ses manuscrits et chez qui il voit un instrument à clef très curieux, construit à Berlin sous les yeux du roi de Prusse. « Il ressemble pour la forme à un très grand clavecin ; il est à volonté harpe, luth, clavecin et forte-piano, mais la propriété la plus curieuse de cet instrument est qu'en tirant le clavier, les marteaux se trouvent transportés sous d'autres cordes. » C'est donc une combinaison du piano et de l'harmonium. Le compositeur Galuppi lui montre un admirable Paul Veronèse et le charme par son esprit et son talent.

La bibliothèque Saint-Marc, si riche en toutes sortes de matières, ne lui fournit que peu de choses sur la musique.

L'imprimerie est restée très importante, et nulle part on n'a autant publié sur la musique, mais la gravure de la musique, si développée en Angleterre, s'est perdue à Venise et une tentative pour la ressusciter a échoué, mais les copistes sont légion.

Burney remarque tout le parti qu'il peut tirer pour ses études des tableaux de maîtres ; ainsi les *Noces de Cana*, de Veronèse, qui sont dans la sacristie de Saint-Georges, comprennent un orchestre, et un petit tableau de Sancroce, à l'église des Franciscains, représente des anges musiciens avec divers genres de luths et de guitares.

A *Bologne*, Burney a la joie de faire la connaissance du grand musicographe franciscain, le père Martini, maître de chapelle à l'église de son ordre, et dont il avait vu à Venise l'homonyme, l'abbé Martini.

Le père Martini lui inspire dès la première entrevue un

profond attachement. Sa bibliothèque, constituée en vue de son histoire de la musique, dont un volume sur cinq a seul paru, est infiniment précieuse et a coûté plus de mille sequins. Il possède en outre des manuscrits et des copies qu'il serait absolument impossible de se procurer de nouveau. Au total plus de 17.000 volumes.

Il retrouve aussi Farinelli qui était considéré comme le plus grand chanteur du siècle, et peut-être de tout âge et de tout pays, et qui avait occupé une situation particulièrement brillante en Angleterre et en Espagne. Il donne quelques détails biographiques sur lui, persuadé que ses mémoires seraient des plus curieux, si un jour on les écrivait.

Carlo Broschi, dit Farinelli, né à Naples en 1705, se rendit à Rome à 17 ans et ne tarda pas à y remporter comme chanteur d'éclatants succès. Il vint successivement à Bologne, Venise, Vienne, partout considéré comme le premier chanteur du siècle. L'empereur Charles VI lui dit un jour que ces notes si longtemps soutenues ne faisaient qu'étonner, qu'il était trop prodigue des dons de la nature, et que s'il désirait captiver le cœur il devait prendre une route plus unie et plus simple. Dès ce jour, il s'attacha à la recherche du pathétique. En 1734, il vint en Angleterre et y eut une situation sans égale. A sa première représentation à la cour de Georges II, il était accompagné au clavecin par une princesse royale, la future princesse d'Orange. Il se rendit en Espagne en 1737 en passant par la France. Philippe V, dès qu'il l'entendit, l'attacha à sa maison avec une pension annuelle de plus de 2.000 livres sterling et pendant 10 ans il chanta tous les soirs devant le roi les quatre mêmes airs. Ferdinand VI lui conserva la même faveur et lui conféra l'ordre de Calatrava. Farinelli persuada au nouveau roi d'avoir des opéras et il en fut nommé directeur. Il fit alors venir d'Italie les meilleurs compositeurs et chanteurs et eut Métastase comme poète. Charles III, en montant sur le trône, lui donna l'ordre de quitter le royaume, mais lui continua sa pension et lui permit d'emporter ses biens. Quand il revint en Italie, après un séjour de 24 ans en Espagne, tous ceux qu'il avait connus avaient disparu. Sa maison était pleine de souvenirs des souverains qui l'avaient protégé et de tableaux de grands maîtres. Il avait une série de clavecins de prix qu'il désignait par des noms de peintres. Son préféré était son Raphaël, un pianoforte construit à Florence en 1730. Venait ensuite un clavecin donné par la reine d'Espagne, élève de Sarlatti qui avait dédié à cette princesse ses deux premiers livres de sonates, écrites pour elle. Il avait été fait en Espagne. Le troisième favori fait aussi en Espagne, sous la direction de Farinelli, avait, comme celui du comte de Torre-et-Taxis, un clavier mobile de transposition,

Burney se fait aussi présenter à une femme de science, Laura Bassi, dont le mari avait été en électricité, le rival de Franklin. Elle était très adroite dans les expériences de physique.

Faut-il mentionner une étrange tragédie où Thomire, reine des Amazones, discute sur le Christ, la Trinité, la prédestination et où Cyrus mourant se voit imposer une profession de foi par son confesseur ? Le succès près du public fut très grand, ce qui surprit beaucoup Burney.

Il assiste encore à l'église Saint-Jean in Monte à un concert de musique religieuse servant de concours entre les compositeurs bolonais, membres de la Société philarmonique fondée en 1666.

A *Florence*, Burney ne trouve plus l'activité musicale sur laquelle il comptait d'après les souvenirs du passé. La confrérie des Laudisti ou chanteurs de psaumes est antérieure à Laurent de Médicis et il voit passer leur procession le jour de son arrivée. Au jubilé de 1700, ils avaient excité à Rome l'admiration.

L'orgue du dôme est le mieux accordé qu'il ait entendu, et très habilement joué par Matucci.

Ayant appris que la foule s'est portée à la petite ville de Figlino à 30 milles de Florence, où se célèbre le jubilé de sainte Maxime, patronne de la ville, il y court sans plus ample informé, comptant sur une fête musicale. Il n'en est rien, mais il peut voir jouer un mystère dans le genre de la Passion d'Ober Amergau, combat de David et Goliath suivi d'une bataille rangée entre les deux armées.

Il assiste naturellement à un certain nombre de messes en musique, à quelques académies et à des opéras de Piccini, et est présenté à l'improvisatrice Morelli qui partagea seule avec Pétrarque, le Tasse et le chevalier Perfetti, l'honneur d'être couronnée au Capitole.

Enfin il peut voir chez Madame Moncini le clavecin inventé

par Zarlino et construit sous sa direction en 1548 par Dominique Pesarese.

Burney a fait deux séjours à *Rome* séparés par le voyage de Naples.

Le premier consacré surtout aux séances de bibliothèques. Le cardinal Alexandre Albani lui fit ouvrir toutes grandes les portes du Vatican, et l'abbé Elie, garde des imprimés, consacra cinq jours au classement des manuscrits susceptibles de l'intéresser. Anglais résidant à Rome et Italiens, notamment le chevalier Santarelli, maître de la chapelle Sixtine et chevalier de Malte, rivalisèrent de zèle pour lui être utiles. Celui-ci, notamment, lui procure la copie du *Miserere* d'Allegri et de tout ce qui se chante à la Sixtine dans la semaine sainte. Ce morceau fait toujours une impression profonde sur tous ceux qui l'entendent, mais à la condition d'être chanté par la maîtrise de la Sixtine qui possède les traditions et connaît les effets à y mettre. La mise en scène compte aussi pour beaucoup dans l'effet produit ; le pape et les cardinaux sont prosternés, les cierges de la chapelle et les torches de la balustrade sont éteints successivement ; le maître de chapelle ralentit la mesure en même temps que les chanteurs éteignent progressivement leur voix.

Santarelli conta à Burney que l'empereur Léopold Ier, grand amateur de musique, avait demandé au pape une copie du *Miserere* pour le faire exécuter à la chapelle impériale. Transporté à Vienne, le morceau « n'y fit pas d'autre sensation que celle d'un faux bourdon assez plat, » bien que chanté par les plus habiles musiciens L'empereur furieux, et persuadé que le maître de chapelle du Pape, pour ne pas laisser cette musique sortir de la chapelle Sixtine, lui avait envoyé un autre texte, fit parvenir une plainte qui provoqua sa révocation. Celui-ci fit plaider sa cause près du pape par les cardinaux, expliquant que la connaissance du texte musical ne suffisait pas, et qu'il fallait encore la manière de l'interpréter. Le Saint-Père, fort étranger à la musique, ne comprenait pas que les mêmes notes ne produisissent pas toujours et partout le même effet. Il invita néanmoins le maître de chapelle à envoyer à Vienne son plaidoyer écrit. L'empereur demanda alors des musiciens pour diriger l'exécution, mais entre leur départ et leur arrivée, la guerre éclata avec les Turcs et Léopold dût quitter Vienne.

La véritable visite de Rome eut lieu au second passage de Burney. Il vit au couvent de Sainte-Ursule une prise de voile présidée par le cardinal Rossi et fut vivement frappé de la beauté de la nouvelle religieuse.

Ce fut ensuite l'oratorio d'Abigail, de Casali, exécuté à l'église neuve. Entre le chant du *Salve Regina* et l'oratorio un petit enfant de six ans vint débiter en chaire un sermon en forme, appris par cœur. Il y eut, entre les deux parties, un sermon par un père jésuite.

Il put aussi visiter en grand détail la chapelle Sixtine et son orgue.

Même faveur à Saint-Jean de Latran, dont l'énorme orgue datant de 1549, a été réparé en 1600 par Luca Blasi, de Pérouse, puis tout récemment.

A Saint-Pierre, il vit officier le cardinal d'York.

Son séjour se termina par la visite du musée Todini, au palais Verospi et par celle du musée du père Kircher.

Burney arriva à *Naples* grisé d'avance de tout ce qu'il comptait voir dans une ville qui avait produit tant de musiciens illustres. Il fut charmé, mais surtout dérouté par la forme toute nouvelle pour lui des mélodies populaires. Il en est une classe, notamment, dans laquelle se sont spécialisés des chanteurs originaires des Pouille et qui sert à faire danser jusqu'à épuisement, les malades qui ont été mordus par des tarentules, afin de provoquer une transpiration abondante. Les chanteurs qui les exécutent, arrivent vers Noël avec leur violon et leur guitare.

Il fait une enquête minutieuse sur les trois conservatoires de *Saint-Onofrio*, de *la Pieta* et de *Santa-Maria di Loretto*. Ils ont eu une période de grande splendeur, mais sont actuellement en pleine décadence et leurs bâtiments tombent en ruines. Les détails qu'il donne sur les visites qu'il y fait, sur la durée des études, pendant huit années, sans congés, fait plus l'impression d'un bagne que d'une école de musique, et ne peut que nous stupéfier.

Il a l'occasion d'entendre tous leurs élèves réunis à l'église des Franciscains, formant un effectif de plus de cent voix et instruments, puis il les retrouve séparés dans d'autres cérémonies religieuses.

Dans les théâtres, il entend surtout les opéras de Piccini et de Jomelli, et peut être reçu par l'un et par l'autre. Comme

mérite il classe les compositeurs italiens contemporains dans
l'ordre suivant :

> Jomelli,
> Galuppi,
> Piccini,
> Sacchini.

« Les ouvrages du premier sont pleins de grandes et nobles
« idées traitées avec goût, science et érudition ; ceux de
« Galuppi sont pleins d'imagination, de feu et de sentiment.
« Piccini a surpassé de beaucoup tous ses contemporains
« dans le style comique et Sacchini semble être le composi-
« teur qui promet le plus dans le genre sérieux. »

Il assiste au couvent de la Donna Regina à une *très belle
fonction*, comme l'appellent les Italiens, pour le baptême de
deux esclaves turcs convertis. Toute la société napolitaine
était présente.

A l'opéra royal de Saint-Charles c'est dans la loge de
l'ambassadeur d'Angleterre, Hamilton, qu'il assiste à une
représentation du nouvel opéra de Jomelli. Il est également
reçu pendant trois jours dans l'intimité de l'ambassadeur et
de lady Hamilton à leur villa Angelica et ils donnent un concert en son honneur. Lady Hamilton est excellente claveci-
niste et Burney la juge supérieure à Orgitano, qui passait
pour être le meilleur de Naples. A un dîner, on avait fait
venir pour l'amuser un gros dominicain, qui excellait à chanter des airs bouffes, en s'accompagnant au clavecin. On visita
ensuite les collections d'Hamilton, aussi considérables que
variées et précieuses. Il s'y trouvait notamment un superbe
tableau du Corrège, Vénus désarmant l'Amour.

Au museum du roi de Naples son attention est fixée par
les instruments de musique qui se trouvent dans la même
salle que les instruments de chirurgie et surtout par une
trompette à clefs découverte à Pompeï l'année précédente
dans un corps de garde. Parmi les manuscrits provenant
d'Herculanum figurent un ouvrage d'Epicure et un traité
de Philodème sur la musique.

Un dîner avec Fabio, premier violon de l'opéra de Saint-
Charles, est pour lui l'occasion d'une observation de mœurs.
« Celui-ci avait eu la complaisance d'apporter son instru-
« ment. Il est très ordinaire de voir dans les grandes villes

« d'Italie les artistes du premier mérite porter leur instru-
« ment dans la rue. Cette remarque peut paraître triviale ;
« cependant c'est un trait qui établit la différence des mœurs
« entre deux pays qui ne sont cependant pas très éloignés
« l'un de l'autre. En Italie, le directeur du premier opéra du
« monde porte sur lui l'instrument de sa réputation et de sa
« fortune avec autant d'orgueil qu'un soldat en met à porter
« son épée ou son fusil, tandis qu'en Angleterre, les injures
« qu'il recevrait de la populace ne donneraient à son esprit
« que l'idée de la honte pour lui et de la crainte pour son ins-
« trument. »

Il visite enfin avant de partir le cabinet de curiosités du roi
de Naples, sous la conduite du bibliothécaire, le père della
Torre, qui recherche à son intention tous les livres et manuscrits relatifs à la musique, et lui montre son cabinet de physique et les nouveaux microscopes qu'il construit.

Chez lord Fortrose, riche Anglais fixé à Naples, il fait la
connaissance du chanteur Caffarelli qui, bien que très riche,
chante encore en se faisant payer et a acheté à son neveu un
duché sous le titre de duc di Santi Dorato.

Mais il avait hâte de regagner l'Angleterre, car il circulait
un peu partout des bruits de guerre et il craignait de se
trouver bloqué sur le continent.

F. DE VILLENOISY.